Anja Delh

Zauberhafte Traumfänger

CHRISTOPHORUS
BRUNNEN-REIHE

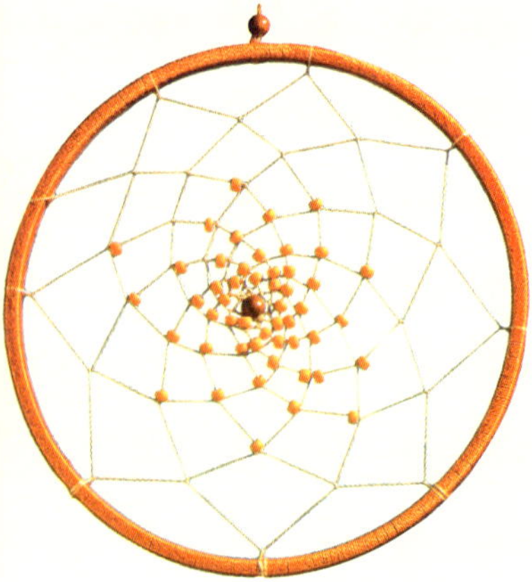

Inhalt

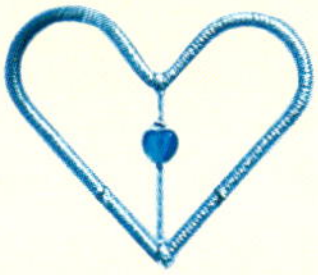

Süße Träume

Traumfänger sollen an das Fenster bzw. über das Bett gehängt werden, um – wie der Name sagt – die Träume einzufangen. Der Legende nach werden die guten in die Gedanken des Schlafenden weitergeleitet, die schlechten aber bleiben im Netz gefangen und werden mit den ersten Sonnenstrahlen vernichtet.
Einer anderen Theorie zufolge bleiben die guten Träume im Netz gefangen und bewahrt, während die bösen durch die Löcher entweichen und das Leben nicht weiter beeinflussen.

Egal, welcher dieser Versionen Sie Glauben schenken, mit diesem Buch können Sie Traumfänger in den herrlichsten Naturfarbtönen, in knallbunten oder pastellfarbenen Kombinationen herstellen. Ob zusätzlich als Klangspiele oder einfach als Schmuckstücke – lassen Sie Ihrer Fantasie freien Lauf, verwirklichen Sie Ihre tollsten Ideen und fangen Sie damit Ihre schönsten Träume ein!

Dabei wünsche ich Ihnen viel Spaß!

Ihre

Anja Delhez

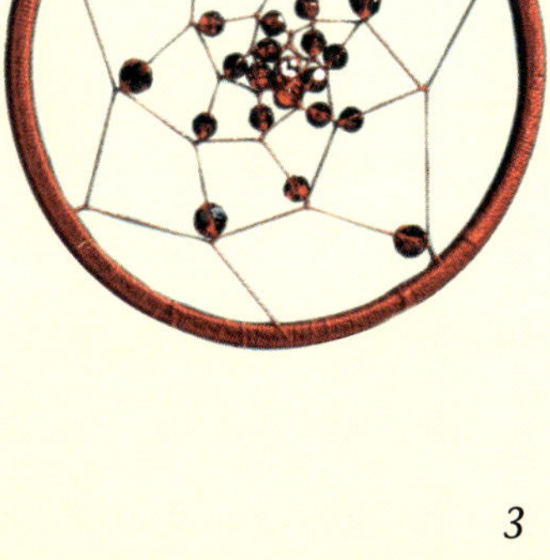

So gehts

Grundmaterial

- Holzreifen, weiß beschichtete Drahtringe oder Metallreifen in Silber oder Gold
- Perlgarn oder Baumwollschnüre zum Umwickeln der Reifen
- Perlgarn oder Wellendraht zum Spannen der Netze (1 Rolle Perlgarn (5 g) entspricht ca. 20 Metern)
- verschiedene Perlen zum Verzieren der Traumfänger, z. B. Holz-, Facetten-, Wachsperlen und diverse Schmuckperlen aus Glas
- Bunte Federn, Glöckchen und Klangstäbe zur Dekoration
- Schere
- Zange
- Perlenauffädler/Perlennadel
- Sekundenkleber-Gel

Sämtliche Materialien erhalten Sie in einem gut sortierten Bastelgeschäft!

Grundanleitung

A Perlgarn am Reifen festknoten und den Reifen möglichst stramm umwickeln. (Abb. 1)

B Netzgestaltung:
Das jeweilige Band an einer beliebigen Stelle des umwickelten Reifens festknoten und eine Nadel auffädeln. Die Nadel von hinten nach vorne über den Reifen durch die Schlaufe, die sich dadurch gebildet hat, ziehen. So die Schlingen um den gesamten Reifen führen. (Abb. 2)

C Für die zweite Reihe mit der Nadel von vorne nach hinten durch die erste Schlaufe hindurchstechen. Anschließend die Nadel wieder nach oben führen und das Netz so fortsetzen. (Abb. 3)

D Perlen beliebig bei jedem Arbeitsschritt mit Hilfe eines Perlenauffädlers einarbeiten, dabei entweder lose auffädeln oder speziell fixieren. Dies geschieht durch wiederholte Fadenführung durch die Perle an einer bestimmten Stelle oder durch das zusätzliche Anbringen von Quetschperlen auf beiden Seiten.

E Das Netz bis zur Mitte weiterschlingen, diese durch das Einarbeiten einer Perle bestimmen. Hier den Faden fest verknoten und evtl. in der Perle verkleben.

F Bevor weitere Arbeitsschritte vorgenommen werden, die Aufhängung anbringen, weil mit dieser leichter weitergearbeitet werden kann. (Abb. 4)

G Zur Verzierung an unterschiedlichen Stellen verschieden lange Fäden anbringen. An den Enden Perlen auffädeln und anschließend darin die Federn einkleben.

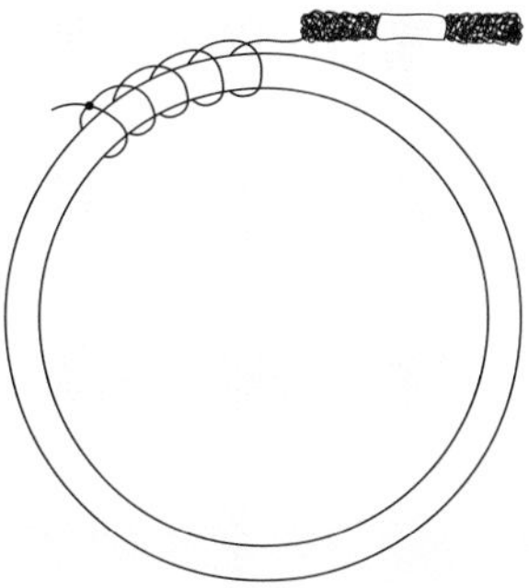

Abb. 1

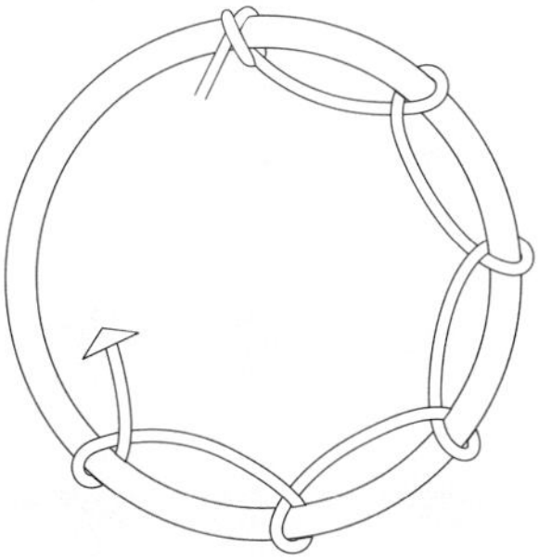

Abb. 2

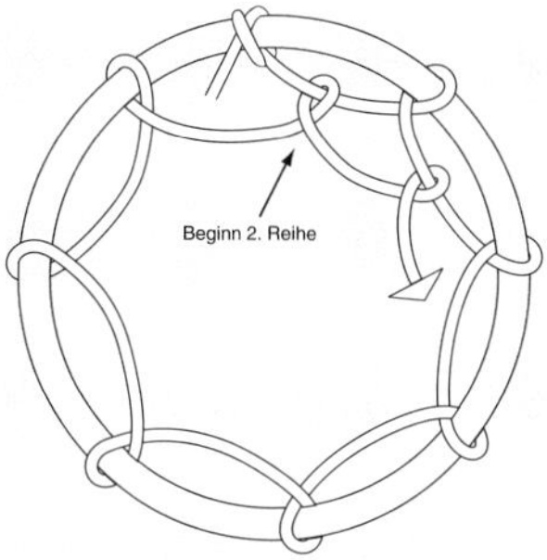

Abb. 3

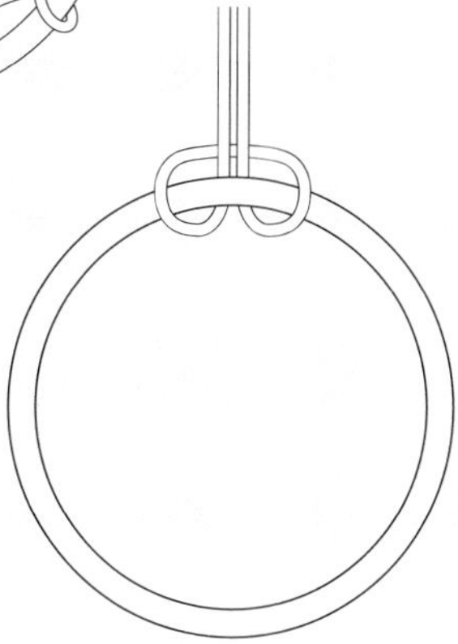

Abb. 4

Tipps & Tricks

■ Um die Stabilität des Traumfängers zu erhöhen, bei der Anfertigung des Netzes darauf achten, dass der Faden immer sehr straff gehalten wird.

■ Wenn das Perlgarn einmal nicht reichen sollte, ein neues Stück anknoten und evtl. versuchen, den Knoten in einer Perle zu verstecken.

■ Die Enden der Fäden sollten immer mit Sekundenkleber-Gel verklebt werden, um die Haltbarkeit und Stabilität des Traumfängers zu erhöhen.

■ Die Enden der Federn schräg abschneiden, um sie leichter in die Perlen einführen zu können.

■ Quetschperlen immer lose auffädeln und am Schluss mit einer Zange zudrücken.

■ Laut Feng Shui sollen Bleikristalle an silbernen Fäden aufgehängt werden.

■ Die Traumfänger drehen sich besonders schön, wenn bei denen aus Holz die seitliche Bohrung zur Aufhängung genutzt wird.

Zarte Klänge

Material

- 3 Drahtringe, weiß beschichtet, 22 cm ∅, 12 cm ∅, 10 cm ∅
- Perlgarn in Mittelgrün, 17 m, in Zartgrün, 15 m
- 72 Schmuckperlen in Grün, aus Glas
- 2 Großlochperlen in Grün, 2 cm ∅, 3,5 cm ∅
- Silberperle, 6 mm ∅
- Klangstäbe, 8 mm ∅, hohl Alu, 2x 14 cm, 2x 17 cm, 2x 20 cm
- Klangstäbe, 6 mm ∅, voll Alu, 3x 7 cm, 3x 9 cm

Die Drahtringe mit mittelgrünem Perlgarn umwickeln. Das Netz mit zartgrünem Perlgarn aus acht Schlaufen, mit Schmuckperlen und in der Mitte mit einer Silberperle gestalten (Grundanleitung Seite 4/5).

Den mittleren Drahtring mit vier Fäden am größten Ring unten mittig befestigen, so dass der Ring etwa in einem Abstand von 13 cm hängt. Zusätzlich einen Faden von ca. 105 cm doppelt legen, ebenfalls dort befestigen und darauf eine Schmuckperle, die Großlochperle (3,5 cm ∅) und eine weitere Schmuckperle aufziehen. In einem Abstand von 24 cm zum obersten Ring zur Fixierung einen Knoten setzen.
Der kleine Ring wird analog am mittleren befestigt. Dazu in den Mittelfaden in einem Abstand von ca. 7 cm zu der schon angebrachten Großlochperle einen Knoten als Halterung machen. Am Ende des Fadens eine Schmuckperle, die Großlochperle (2 cm ∅) und eine Schmuckperle aufziehen und mit einem Knoten fixieren.

Zum Befestigen der Klangstäbe ein ca. 100 cm langes Stück Garn um den mittleren Drahtring schlingen und diese nacheinander aufnehmen: 14 cm, 17 cm, 20 cm, 14 cm, 17 cm, 20 cm. Nach jedem neuen Klangstab den Faden um den Ring schlingen und verknoten.
Die Klangstäbe am kleinen Ring mit einem ca. 80 cm langen Stück Garn anbringen, dann die Stäbe mit 7 cm und 9 cm Länge abwechselnd auffädeln und den Faden am Ende verknoten.

Pastellfarben

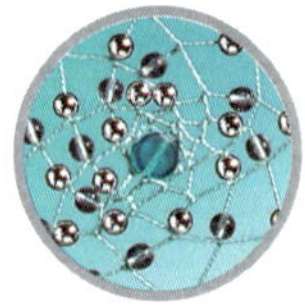

Material

Azur

- Drahtring, weiß beschichtet, 22 cm ∅
- Perlgarn in Azur, 14 m
- 12 Glasröhrchen in Azur, 15 mm ∅
- 9 Glaswellen in Azur, 10 mm ∅
- 5 Glasscheiben in Azur, 10 mm ∅
- 16 Glaskugeln in Kristall, 6 mm ∅
- 28 Perlen in Silber, 6 mm ∅
- Bleikristall-anhänger, 4 cm
- 4 Marabufedern in Türkis

Flieder-lila

- Holzring, 18 cm ∅
- Perlgarn in Flieder, 12 m, in Lila, 9 m
- 41 Glaskugeln in Kristall, 6 mm ∅
- je 2 Marabufedern in Flieder, in Lila
- 5 achteckige Bleikristalle, 15 mm

Azur

Nach dem Umwickeln des Drahtringes ein Netz mit acht Schlaufen beginnen (Grundanleitung Seite 4/5).
Ab der zweiten Reihe die Perlen einarbeiten: 8 Glasröhrchen in Azur, 3. Reihe: 8 Perlen in Silber, 4. Reihe: 8 Glaswellen in Azur, 5. Reihe: 8 Glaskugeln in Kristall, 6. Reihe: 8 Perlen in Silber, 7. Reihe: 8 Glaskugeln in Kristall, 8. Reihe: 8 Perlen in Silber, Mitte: Glasscheibe in Azur.
Den Bleikristallanhänger mit seinem silbernen Band an die untere Mitte des Traumfängers anbringen. Die vier weiteren Anhänger mit je 12 cm Perlgarn aufhängen, an den Enden jeweils eine Schmuckscheibe in Azur, eine Perle in Silber, und ein Glasröhrchen in Azur auffädeln. Die aus dem Glasröhrchen herausragenden Fäden mit einem Tropfen Sekundenkleber-Gel versehen und diese dann bis zur Mitte des Glasröhrchens zurückziehen. Nun die Marabufeder in die freigewordene Öffnung des Röhrchens einfügen.
Aufhängung mit Glaswelle anbringen.

Flieder-lila

Beim Umwickeln als Anhaltspunkt zum Wechsel der Farben die sechs Bohrungen im Holzrahmen nutzen. Vor dem Farbwechsel das Perlgarn verknoten und etwas verkleben. Dann ein Netz aus sechs Schlaufen beginnen (Grundanleitung Seite 4/5). Ab der zweiten Reihe die 31 Glaskugeln in Kristall einarbeiten.
Dann rechts und links jeweils ein kurzes Stück Perlgarn anknoten und eine Glaskugel aufziehen, darin je eine flieder- und eine lilafarbene Feder einkleben. Die achteckigen Bleikristalltropfen mit silbernen Bändern unten an den Traumfänger hängen.
Für die Aufhängung den Faden doppelt legen und fünf Glaskugeln auffädeln.

Schwarz-weiß

Material

- Drahtring, weiß beschichtet, 20 cm Ø
- Perlgarn in Schwarz, 15 m
- Wachsperlen in Weiß, 54x 6 mm Ø, 8x 10 mm Ø, 1x 25 mm Ø
- 7 Marabufedern in Weiß
- 8 Hahnenfedern in Natur

Den Drahtring mit schwarzem Perlgarn umwickeln und ein Netz aus 13 Schlaufen beginnen (Grundanleitung Seite 4/5). In der 3. + 4. Reihe 6 mm Wachsperlen einarbeiten, die 5. + 6. Reihe ohne Perlen gestalten, in die 7 .+ 8. Reihe 6 mm Wachsperlen integrieren, in die Mitte die große Wachsperle einfügen.

Zur Verzierung drei kurze und zwei längere Stücke Perlgarn unten um den Traumfänger schlingen. Auf den doppelt gelegten Faden bei den kürzeren eine, bei den längeren zwei Wachsperlen mit 10 mm Ø auffädeln, verknoten und jeweils eine weiße und eine naturfarbene Feder einziehen.

Für die Aufhängung den Faden doppelt legen, eine Wachsperle mit 10 mm Ø auffädeln und durch diese und eine weitere mit 6 mm Ø eine Hahnenfeder führen und festkleben.

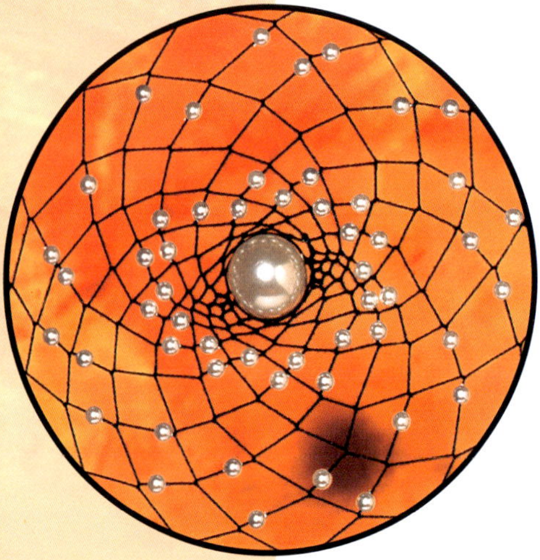

Naturtöne

Material

- 2 Drahtringe, weiß beschichtet, 12 cm ∅, 10 cm ∅
- helle Baumwollkordel zum Umwickeln, 3,0 m, 2,5 m
- Perlgarn in Hellbraun, 7 m
- 18 Holzperlen in Dunkelbraun, 8 mm ∅
- 36 Hahnenfedern in Natur

Beide Reifen mit der hellen Baumwollkordel umwickeln und Netze spannen (Grundanleitung Seite 4/5). In die Mitte je eine Holzperle einfügen.

An die Aufhängung drei Perlen auffädeln. Den zweiten Ring mithilfe eines 15 cm langen, doppelt gelegten Fadens an dem ersten befestigen. Vorher eine Holzperle aufziehen.

Für die Verzierung am oberen Ring zwei 25 cm lange, am unteren zwei 18 cm lange Fäden seitlich anknoten. Darauf je drei Holzperlen auffädeln, gleichmäßig verteilen und mit einem Knoten fixieren. In jede Perle drei Federn einkleben.

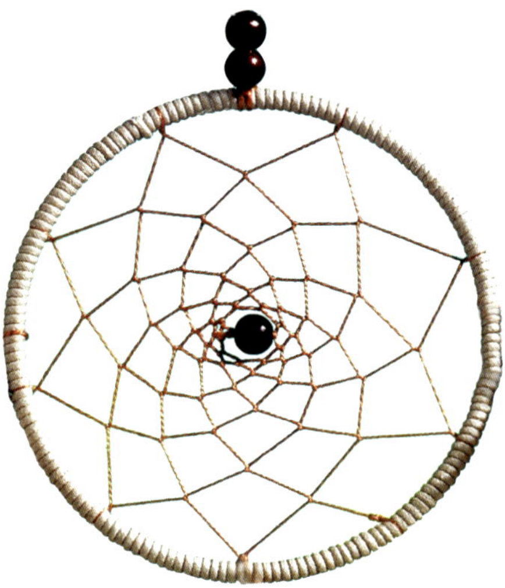

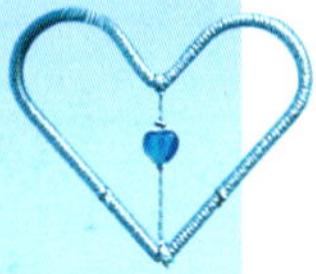

Herzen & Sterne

Material

Drei Herzen

- Drahtherz, weiß beschichtet, 21 cm x 18 cm
- 2 Drahtherzen, weiß beschichtet, 6,5 cm x 6 cm
- Perlgarn in Grün, 12 m; in Türkis, 16 m; in Hellblau, 16 m
- je 4 Glas-Würfel in Blau, in Wasserblau, 8 mm ∅
- Glas-Wellen, 2x in Grün, 2x in Lichtgrün, 1x in Blau, 10 mm ∅
- Glas-Herzen, 1x in Grün, 3x in Lichtgrün, 1x in Blau, 8 mm ∅
- je 2 Glas-Würfel, in Lichtgrün, in Blau, in Wasserblau, 5 mm ∅
- 34 Quetschperlen in Silber
- Marabufedern, 4x in Maigrün, 2x in Grün-türkis, 1x in Wasserblau

Gelbe Sterne

- je 1 Drahtstern, weiß beschichtet, 15 cm ∅, 25 cm ∅
- Perlgarn in Zitrone
- Facettenperlen in Gelb, 9x 6 mm ∅, 22x 8 mm ∅, 10x 10 mm ∅
- 50 Quetschperlen in Gold
- je 8 Marabufedern in Zitronengelb, in Gelb

Drei Herzen

Die drei Herzen mit unterschiedlichem Perlgarn umwickeln (Grundanleitung Seite 4/5). Bei der Anfertigung des Netzes Perlen und Perlgarn in der der Umwicklung entsprechenden Farbe verwenden, um so die gegenüberliegenden Seiten jeweils farblich miteinander zu verbinden (Reihenfolge: grün, hellblau, türkis; den türkisen, waagerechten Faden oben einmal um den grünen wickeln). Dabei die Quetschperlen nicht vergessen.

Das mittlere Herz in Türkis, das untere in Hellblau umwickeln und jeweils an einem senkrechten Faden eine farblich entsprechende Perle zwischen zwei Quetschperlen auffädeln. Mit Perlgarn in derselben Farbe (je 20 cm, doppelt gelegt) die Herzen jeweils am oberen befestigen.

Für die Verzierung, ebenfalls farblich abgestimmt, an das obere Herz vier, an das mittlere zwei und an das kleinste einen Faden von 8 cm Länge anknoten und eine Glaswelle aufziehen. Darin je eine farblich passende Feder einkleben.

Gelbe Sterne

Beide Sterne mit Perlgarn in Zitrone umwickeln, die Facettenperlen und die dazugehörigen Quetschperlen lose auffädeln und das Netz gestalten (Grundanleitung Seite 4/5).
Die Sterne mit einem 30 cm langen, doppelt gelegten Faden verbinden.

Zur Verzierung acht Stücke Perlgarn mit je 10 cm abschneiden und um die freien Spitzen schlingen, auf die Enden jeweils eine Perle in 8 mm ∅, ganz unten jeweils eine mit 6 mm ∅ auffädeln. In jede Perle eine Feder einkleben, so dass immer zwei Gelbtöne zusammenhängen.

Doppelring

Material

- 2 Holzringe, 12 cm ∅, 15 cm ∅
- 13 m Perlgarn in Sonnengelb, Rostrot, je 14 m
- 14 Stiftperlen in Gold, 13 mm ∅
- 10 Goldperlen, 6 mm ∅
- 3 Holzperlen in Gelb, 10 mm ∅
- 5 Hahnenfedern
- 4 Metallglöckchen in Gold, 16 mm ∅

Den größeren Holzreifen mit Perlgarn in Rostrot, den kleineren in Sonnengelb umwickeln. Darin ein Netz aus sieben Schlaufen spannen (Grundanleitung Seite 4/5). In der zweiten Reihe mit sieben Goldperlen beginnen, in der dritten Reihe pro Schlaufe jeweils zwei Stiftperlen auffädeln, in der vierten Reihe die Schlaufen zwischen diese beiden Stiftperlen setzen, dann noch eine oder zwei Reihen anfertigen bis zu der sonnengelben Perle in der Mitte. Den kleineren Ring mit einer Goldperle im Zwischenraum in den größeren knoten.

Für die Aufhängung den Faden doppelt nehmen, darauf eine Goldperle und eine rostrote Holzperle auffädeln.

Zur Verzierung unten mittig auf ein 16 cm langes Stück Perlgarn eine Goldperle und eine Holzperle in Sonnengelb aufziehen und darin fünf Hahnenfedern einkleben. Rechts und links davon je zwei Metallglöckchen anbringen.

Silber-metallic

Material

- Metallreifen in Silber, 18 cm ∅
- 2 m Wellendraht in Silber, 3,6 mm ∅
- 42 Glas-Schmuckperlen in Blau
- 38 Quetschperlen in Silber
- 2 Marabufedern in Wasserblau
- Marabufeder in Weiß
- Perlonfaden, 0,35 mm

Das Netz aus Wellendraht spannen, dabei die Schlaufen mit einer Quetschperle befestigen. Die Schmuckperlen nach Belieben einarbeiten.

Die Verzierung aus drei 10 cm langen Perlonfäden bilden, auf diese jeweils sechs Perlen auffädeln. In die unterste die Federn einkleben.

Die Aufhängung mit sieben Schmuckperlen verzieren.

TIPP

Sollte der Wellendraht bei der Verarbeitung aufspringen, kann er über einer Kerzenflamme verschmolzen werden. Allerdings kann sich der Draht dabei dunkel verfärben.

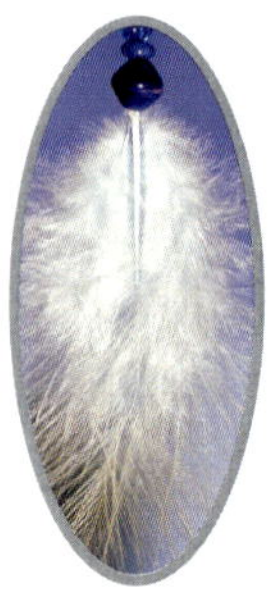

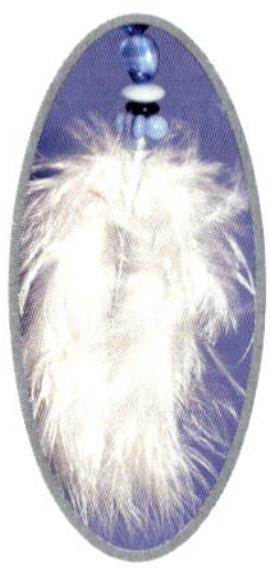

Holzreif

Material

- Holzring, 18 cm Ø
- 5 m Perlgarn in Hellbraun
- 76 Holzperlen in Dunkelbraun, 6 mm Ø
- 5 geriffelte Holzperlen in Dunkelbraun, 12 mm Ø
- Holzscheibe in Dunkelbraun, 15 mm Ø
- 20 Hahnenfedern in Natur

Ein Netz aus zwölf Schlaufen bilden, dazu die vorhandenen sechs Löcher des Reifens zur Fixierung nutzen. Darin die Perlen und in der Mitte die Holzscheibe einarbeiten (Grundanleitung Seite 4/5).

Zur Verzierung ein 20 cm langes Stück Perlgarn unten mittig an den Ring knoten, daran zwei geriffelte Holzperlen auffädeln, im Abstand von 15 cm fixieren und darin je sechs Hahnenfedern einkleben. Rechts und links davon je eine geriffelte Perle auf ein Stück Perlgarn auffädeln und jeweils vier Hahnenfedern einziehen.

An die Aufhängung eine geriffelte Holzperle auffädeln.

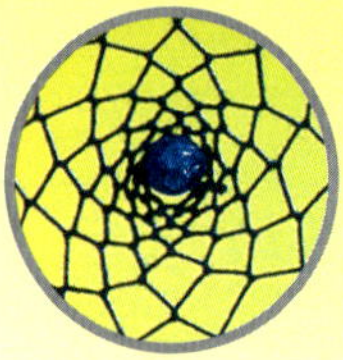

Dunkelblau

Material

Linker Traumfänger

- Drahtring, weiß beschichtet, 20 cm ∅
- 13 m Perlgarn in Schwarz
- 6 Glasröhrchen in Blau, 15 mm ∅
- 6 Glaswürfel in Blau, 8 mm ∅
- Glasscheibe in Blau, 10 mm ∅
- 18 Glaskugeln in Schwarz, 6 mm ∅
- Acrylherzen in Kristall, 3x 3 cm ∅, 2x 1,5 cm ∅

Rechter Traumfänger

- Drahtring, weiß beschichtet, 12 cm ∅
- 9 m Perlgarn in Blau
- 32 Glas-Schmuckperlen in Blau
- 2 Klangstäbe, 6 mm ∅, 7 cm lang, voll Alu
- 2 Klangstäbe, 6 mm ∅, 9 cm lang, voll Alu
- Klangstab, 6 mm ∅, 11 cm lang, voll Alu

Linker Traumfänger

Ein Netz aus schwarzem Perlgarn mit sechs Schlaufen beginnen und ab der zweiten Reihe die Perlen einarbeiten (Grundanleitung Seite 4/5): 6 blaue Glasröhrchen, 3. Reihe: 6 schwarze Glaskugeln, 4. Reihe: 6 blaue Glaswürfel, 5. Reihe: 6 schwarze Glaskugeln, 6. Reihe: 6 schwarze Glaskugeln. Mitte: blaue Glasscheibe.

Für die zwei kleinen Herzen je 15 cm, für die großen Herzen zweimal 13 cm und einmal 20 cm Perlgarn verwenden. Aufhängung anbringen.

Rechter Traumfänger

Den Ring umwickeln, ein Netz aus elf Schlaufen spannen und die Mitte mit einer großen Schmuckperle verzieren (Grundanleitung Seite 4/5).

Zum Befestigen der Klangstäbe einen ca. 1 m langen Faden am unteren Bereich des Reifens festknoten. Dann die Klangstäbe nacheinander aufnehmen: 7 cm, 9 cm, 11 cm, 9 cm, 7 cm. Wie bei der Netzbildung zwischen jedem Klangstab den Faden um den Ring wickeln, zum Schluss verknoten.
Rechts und links davon zwei 20 cm lange Perlgarnstücke anbringen, auf diese in beliebiger Reihenfolge jeweils 15 Schmuckperlen auffädeln.

Die Aufhängung mit einer großen Schmuckperle versehen.

Lichtes Orange

Material

- Holzring, 18 cm ∅
- 17 m Perlgarn in Orange
- 5 m Perlgarn in Sonnengelb
- 61 Rocailles in Orange (matt), 5 mm ∅
- 11 Holzperlen in Mittelbraun, 8 mm ∅
- 21 Hahnenfedern in Natur

Den Ring in Orange umwickeln und ein Netz in Sonnengelb aus acht Schlaufen spannen, in das ab der dritten Reihe 50 Rocailles eingearbeitet werden (Grundanleitung Seite 4/5). Die Mitte schmückt eine Perle in Dunkelbraun.

Für die Verzierung Perlgarn in Sonnengelb einmal von 35 cm und zweimal von 30 cm Länge unten an den Traumfänger knoten. Jeweils abwechselnd drei Rocailles und drei Holzperlen auffädeln, gleichmäßig verteilen mit einem Knoten fixieren. In die Holzperlen jeweils drei Federn einkleben, außer an den Enden der beiden kürzeren Fäden, wo stattdessen eine weitere Rocaille aufgenommen wird.

An die Aufhängung eine Holzperle auffädeln.

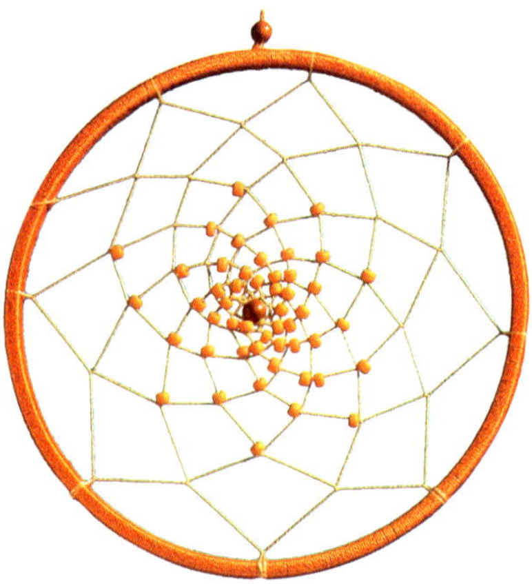

Buntes Herz

Material

- Drahtherz, weiß beschichtet, 23 cm x 21 cm
- je 6 m Perlgarn in Gelb, Rot, Dunkelblau
- Indianerperlen, 4,5 mm ∅, 34x in Gelb, 40x in Dunkelblau, 8x in Rot
- Marabufedern, 4x in Gelb, 8x in Rot
- Herzanhänger aus Acryl, 2 cm ∅

Das Drahtherz in Gelb, Rot und Dunkelblau umwickeln, die Enden jeweils festkleben. Beim Spannen des Netzes jeweils die gegenüberliegenden gelben und dunkelblauen Seiten mit einem farblich entsprechenden Garn miteinander verbinden und dabei die Perlen einarbeiten. Durch erneutes Ziehen des Fadens durch die Perlen diese an entsprechender Stelle fixieren.

Die Verzierung entsprechend der Umwicklung farblich gestalten. Rechts und links der Herzspitze je drei doppelt gelegte Fäden anbringen. Auf jedes Ende eine Perle aufnehmen und darin eine Feder einkleben.
In die Mitte das Acryl-Herz hängen.

Aufhängung mit fünf Indianerperlen anbringen.

Rubinrot

Material

- 2 Holzringe, 12 cm ∅, 18 cm ∅
- 30 m Perlgarn in Bordeauxrot
- Facettenperlen in Rot, 41x 6 mm ∅, 21x 8 mm ∅
- Silberperle, 6 mm ∅
- Großlochperle in Eis-Silber (matt), 2,5 cm ∅
- Glastropfen in Kristall, 15 cm
- 2 Klangstäbe, 6 mm ∅, 7 cm lang, voll Alu
- 2 Klangstäbe, 6 mm ∅, 9 cm lang, voll Alu

Beide Ringe umwickeln, dann in den größeren ein Netz aus sieben, in den kleineren eines aus fünf Schlaufen anfertigen (Grundanleitung Seite 4/5). In die zweite und dritte Reihe des größeren Rings 15 Facettenperlen mit 8 mm ∅, in die zweite Reihe des kleineren fünf dieser Perlen einarbeiten. Anschließend bei beiden die mit 6 mm ∅ einfügen, davon 26 in den großen, 15 in den kleinen Ring. Mit der Großlochperle die Mitte des größeren Ringes, mit der Silberperle die des kleineren gestalten.

An die Aufhängung eine Facettenperle von 8 mm ∅ aufnehmen und anschließend den kleinen Ring mit einem Abstand von 10 cm zu dem großen an diesem befestigen.

Klangstäbe und Glastropfen symmetrisch an den unteren Ring hängen (siehe dazu Seite 22/23).

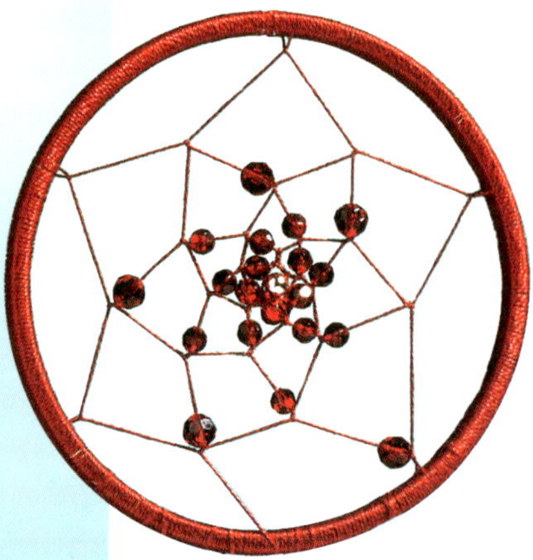

Rosa & Weiß

Material

- Holzring, 12 cm ∅
- 13 m Perlgarn in Rosa (Weiß)
- 33 Schmuckperlen in Rosa (Weiß), aus Glas
- Klangstäbe, 6 mm ∅, voll Alu, 2x 7cm, 1x 9 cm
- 2 Marabufedern in Rosa (Weiß)

Den Ring umwickeln und ein Netz aus sechs Schlaufen spannen (Grundanleitung Seite 4/5).
Perlen beliebig einarbeiten, für die Mitte genauso wie für die Aufhängung eine große Schmuckperle verwenden.
Auf der rechten und linken Seite des Ringes mithilfe eines Stück Garnes je eine Perle anbringen und darin eine Feder einkleben.
Die Klangstäbe unten am Traumfänger mit einem 80 cm langen Stück Garn symmetrisch anbringen (siehe dazu Seite 22/23).

Den weißen Traumfänger identisch gestalten.

Impressum

ISBN 3-419-56369-8

2. Auflage 2003

Lektorat:
Monika Klier, Freiburg

Styling und Fotos:
Christoph Schmotz, Freiburg

Covergestaltung und Layoutentwurf:
Network!, München

Gesamtproduktion:
smp, Freiburg
Layout: Gisa Bonfig, Freiburg

Druck:
Freiburger Graphische Betriebe

Wir sind für Sie da, wenn Sie Fragen haben.
Und wir interessieren uns für Ihre eigenen Ideen und Anregungen.
Schreiben Sie uns, wir hören gerne von Ihnen!
Ihr Christophorus-Team

Christophorus-Verlag GmbH
Hermann-Herder-Str. 4
79104 Freiburg
Tel.: 0761/ 27 17-0
Fax: 0761/ 27 17-3 52
oder e-mail:
info@christophorus-verlag.de

Aus der Brunnen-Reihe

3-419-56507-0

3-419-56484-8

3-419-56287-X

3-419-56314-0

3-419-56230-6